Lenita Teixeira de Almeida Campos

SPED Rechnungslegung und Professionalisierung von kleinen und mittleren Unternehmen

Lenita Teixeira de Almeida Campos

SPED Rechnungslegung und Professionalisierung von kleinen und mittleren Unternehmen

Beitrag zur Verbesserung der Verwaltung

ScienciaScripts

Imprint

Any brand names and product names mentioned in this book are subject to trademark, brand or patent protection and are trademarks or registered trademarks of their respective holders. The use of brand names, product names, common names, trade names, product descriptions etc. even without a particular marking in this work is in no way to be construed to mean that such names may be regarded as unrestricted in respect of trademark and brand protection legislation and could thus be used by anyone.

Cover image: www.ingimage.com

This book is a translation from the original published under ISBN 978-620-2-17369-8.

Publisher:
Sciencia Scripts
is a trademark of
Dodo Books Indian Ocean Ltd. and OmniScriptum S.R.L publishing group

120 High Road, East Finchley, London, N2 9ED, United Kingdom
Str. Armeneasca 28/1, office 1, Chisinau MD-2012, Republic of Moldova, Europe
Printed at: see last page
ISBN: 978-620-7-27139-9

Index :

DEDICATORY

Für meine Mutter Iraci

Dafür, dass du mir die Werte vermittelst, die wir brauchen, um echte Menschen zu sein, und die Liebe, um glücklich zu sein.

DANKSAGUNGEN

Zuallererst danke ich Gott für die Freiheit zu denken, zu wünschen, zu wollen und zu wählen. Dafür, dass ich nicht irgendetwas bin, sondern der werden kann, der ich wirklich bin.

Ich möchte meiner Familie für ihre Motivation und Ermutigung in schwierigen Zeiten und insbesondere für ihr Verständnis während meiner Abwesenheit danken.

An die Professoren, die mich unterrichtet und mir Erfahrungen und Techniken vermittelt haben, damit ich sie in meinem täglichen Leben anwenden kann, und insbesondere an Professor Antonio, der mir bei der Entwicklung dieser Arbeit geholfen hat.

Ich möchte vor allem meinem Mann Márcio für seine Liebe, Ermutigung und Motivation danken und dafür, dass er mir gezeigt hat, dass ich mich sowohl beruflich als auch persönlich dieser Herausforderung stellen und sie meistern muss, um diesen Kurs zu absolvieren.

EPIGRAPH

"Für jede disziplinierte Anstrengung gibt es eine mehrfache Belohnung". Jim Rohn

ZUSAMMENFASSUNG

Anfang September trat der Zeitplan der Regierung für die Einführung des öffentlichen Steuerbuchhaltungssystems (SPED) in Kraft. Bis 2012 müssen alle Unternehmen, unabhängig von ihrer Größe oder Branche, dem Finanzamt digital Bericht erstatten. Mit anderen Worten: Alle Verfahren, die derzeit auf Papier durchgeführt werden, von Rechnungen bis hin zu Kassenbüchern, werden dann elektronisch erfolgen. Ziel dieser Studie ist es, die Auswirkungen der Umsetzung der neuen Vorschrift auf kleine und mittlere Unternehmen im Hinblick auf Veränderungen ihrer Struktur und folglich auf die Notwendigkeit einer stärkeren Professionalisierung zu bewerten, insbesondere die Notwendigkeit, die Art und Weise der Unternehmensführung anzupassen und umzustrukturieren.

Schlüsselwörter:

SPED Buchhaltung. Professionalisierung. Kleine und mittlere Unternehmen .

Fachleute der Buchhaltung. Buchhaltung.

EINFÜHRUNG

Thema

Gegenwärtig nutzt die Mehrheit der kleinen und mittleren Unternehmen die Buchhaltungsinformationen nicht als Entscheidungshilfe, da sie sie nur als steuerliche Verpflichtung sehen. Im Januar 2007 wurde das Dekret 6.022 veröffentlicht, mit dem SPED - Sistema Público Eletrónico Digital (Digitales öffentliches System) - eingeführt wurde, das die Übermittlung elektronischer Dateien mit Steuer- und Buchhaltungsinformationen der Unternehmen vorsieht.

Die Unternehmen dachten, dass SPED durch Technologie gelöst werden würde, aber das ist nur ein Teil der Lösung. Die größte Herausforderung ist eine kohärente, echte und vollständige Buchführung, da diese von den Steuerbehörden am schnellsten geprüft wird. Die Unternehmen müssen daher ihre Managementprozesse überdenken und die aktuellen Rechnungslegungsgrundsätze und -verfahren auf ihre Buchführung anwenden, um ihre Informationen korrekt zu erfassen.

Problematische Situation

In diesem Beitrag soll kurz aufgezeigt werden, dass die Einführung von SPED Accounting zur Professionalisierung von kleinen und mittleren Unternehmen beiträgt.

Ohne eine vollständige Automatisierung der Vorgänge und der sich daraus ergebenden Buchführung könnte das Unternehmen Gefahr laufen, wegen inkohärenter oder fehlerhafter Angaben mit einer Geldstrafe belegt zu werden.

In diesem Zusammenhang ergeben sich für die an diesen Prozessen beteiligten Fachleute eine Reihe von neuen Aufgaben, da sie die Regeln und gesetzlichen Vorschriften im Detail kennen müssen, um den neuen Anforderungen in vollem Umfang gerecht zu werden. Das analysierte Problem lässt sich in der folgenden Frage zusammenfassen: Wird SPED Accounting zur Professionalisierung kleiner und mittlerer Unternehmen beitragen?

Zielsetzungen

Allgemeines Ziel

Das allgemeine Ziel dieser Arbeit ist es, zu zeigen, dass SPED Accounting zur Professionalisierung von kleinen und mittleren Unternehmen beiträgt.

Spezifische Ziele

Die spezifischen Ziele sind die Untersuchung des Einflusses von SPED Accounting auf die Verbesserung des Managements und der Kenntnisse von Buchhaltungsfachleuten in kleinen und mittleren Unternehmen.

Rechtfertigungen

Da die Steuerbehörden jeden durchgeführten Vorgang schnell analysieren, können die Unternehmen keine betrügerischen oder fehlerhaften Informationen und/oder Vorgänge in ihren SPED-Dateien übermitteln, da dies zu kostspieligen Konsequenzen für das Unternehmen führen könnte, aber auch, im Falle eines Betrugs in der Buchhaltung, zu einer strafrechtlichen Verfolgung und einer Haftung der Partner für die Folgen.

Unternehmer sollten sich auf Ereignisse einstellen, die sie an der Übermittlung der Informationen hindern könnten, denn wenn das Unternehmen die Norm nicht einhält und die Informationen nicht innerhalb des vorgeschriebenen Layouts übermittelt, werden hohe Geldstrafen verhängt, die den Cashflow des Unternehmens gefährden könnten. Aus diesem Grund ist es dringend erforderlich, die EDV-Systeme zu testen, um sicherzustellen, dass die Informationen mit der Norm übereinstimmen.

Angesichts der Tatsache, dass alle Geschäftsvorgänge von den Steuerbehörden erfasst werden, gibt es keinen Grund, die Fülle an Buchhaltungsinformationen, die aus ihren Aufzeichnungen gewonnen werden können, nicht zu nutzen. In einer wettbewerbsorientierten Welt darf nichts vergeudet werden, insbesondere keine Informationen. Damit eröffnet sich ein riesiges Feld für die Professionalisierung der kleinen und mittleren Unternehmen.

Methodik

Ziel der in dieser Arbeit durchgeführten Untersuchung ist es, die festgestellten Probleme zu beleuchten. Zu diesem Zweck wurde aufgrund der begrenzten Anzahl von Unternehmen eine qualitative Untersuchung durchgeführt, die einen explorativ-deskriptiven Charakter hat.

Bei der deskriptiven Forschung werden Fakten beobachtet, aufgezeichnet, analysiert, klassifiziert und interpretiert. Es gibt also keine Einmischung des Forschers, der lediglich versucht, mit der nötigen Sorgfalt zu verstehen, wie häufig das Phänomen auftritt (PRESTES, 2003). Nach Ansicht des genannten Autors zielt die Sondierungsforschung darauf ab, Ähnlichkeiten zwischen Phänomenen zu entdecken, bei denen die theoretischen Annahmen unklar oder schwer zu finden sind. Sie findet vor der Planungsphase der Arbeit statt, mit dem Ziel, mehr Informationen über das Thema zu erhalten und seine Abgrenzung zu erleichtern.

Um das am besten geeignete Verfahren zu ermitteln, wurde eine bibliographische und dokumentarische Untersuchung durchgeführt, um die Anwendbarkeit der aufgestellten Hypothesen zu prüfen.

"Forschung kann als ein formales Verfahren mit einer Methode des reflektierenden Denkens betrachtet werden, das eine wissenschaftliche Behandlung erfordert und der Weg ist, die Realität kennenzulernen oder Teilwahrheiten zu entdecken. Jede Forschung beinhaltet die Sammlung von Daten aus verschiedenen Quellen, unabhängig von den angewandten Methoden oder Techniken". (MARCONI ; LAKATOS 2001, S.43)

Schließlich wurde eine Feldstudie durchgeführt, bei der der Forscher versuchte, mit Hilfe von Interviews so viele Daten wie möglich zu sammeln und so seine Untersuchung abzuschließen. Das Ziel der Feldforschung ist es, Informationen und Wissen über das Problem zu erhalten, auf das eine Antwort gesucht wird, um neue Phänomene in Beziehungen zu beweisen oder zu entdecken (MARCONI; LAKATOS, 2006).

Nach Ansicht der oben genannten Autoren ist Feldforschung keine einfache

Datenerhebung, sondern erfordert eine angemessene Kontrolle in Übereinstimmung mit den festgelegten Zielen. Als Methode zur Datenerhebung wurde ein Interview mit Fachleuten aus dem Rechnungswesen kleiner und mittlerer Unternehmen durchgeführt, die die Veränderungen durch die Einführung von SPED Accounting in ihren Unternehmen erleben und ihre Erfahrungen zu dieser Arbeit beitragen konnten.

Aufbau der Monographie

Das erste Kapitel befasst sich mit SPED Accounting und kleinen und mittleren Unternehmen in Brasilien. Das zweite Kapitel beschreibt die Forschung und wie sie angewendet wurde. Das dritte Kapitel präsentiert, analysiert und diskutiert die Ergebnisse einer Feldstudie über die Professionalisierung kleiner und mittlerer Unternehmen, die durch die Einführung von SPED Accounting beeinflusst wurde.

Kapitel 1

1. SPED RECHNUNGSWESEN UND KLEINE UND MITTLERE

UNTERNEHMEN -

Überprüfung der Theorie

1.1.   SPED - Öffentliches digitales Buchhaltungssystem

Viele haben schon von SPED gehört, aber nur wenige wissen, was es ist und welchen Zweck es verfolgt. SPED - Sistema Público de Escrituragao Digital (Öffentliches digitales Buchhaltungssystem) wurde 2007 durch das Dekret 6.022 eingeführt und besteht darin, das derzeitige System zur Erfüllung der von den Steuerzahlern an die Steuerverwaltungen und Kontrollstellen übermittelten Nebenpflichten zu modernisieren, indem es die digitale Zertifizierung zur Unterzeichnung elektronischer Dokumente nutzt. Auf diese Weise wird die Rechtsgültigkeit nur in digitaler Form gewährleistet.

"SPED ist ein Instrument, das die Tätigkeiten des Empfangs, der Validierung, der Speicherung und der Authentifizierung der Bücher und Dokumente, die die kaufmännische und steuerliche Buchführung von Unternehmern und Unternehmen ausmachen, durch einen einzigen computergestützten Informationsfluss vereinheitlicht" (Artikel 2 des Dekrets 6.022 vom Januar 2007).

11

SPED zielt darauf ab, die Integration der Steuerbehörden durch die Standardisierung und den Austausch von Buchhaltungs- und Steuerinformationen zu fördern und die Identifizierung von Steuerdelikten zu beschleunigen, indem die Prozesskontrolle verbessert, der Zugang zu Informationen beschleunigt und die Überwachung von Vorgängen durch Datenabgleiche und elektronische Prüfungen effektiver gestaltet wird.

Das Projekt besteht aus fünf großen Teilprojekten: Digitale Buchführung (ECD), Digitale Steuerbuchführung, Elektronische Rechnung - nationales Umfeld, Elektronische Dienstleistungsrechnung und Elektronisches Konnossement - nationales Umfeld. Es handelt sich um eine integrierte Initiative der Steuerverwaltungen der drei Regierungsebenen Bund, Länder und Gemeinden.

Die ECD wurde durch die normative Anweisung 787 vom 22. November 2007 eingeführt und umfasst die folgenden Bücher: Hauptbuch, Journal mit zusammenfassender Buchführung (verbunden mit einem Hilfsbuch), Hilfsjournal, Hilfsbuch und Buch der täglichen Salden und Bilanzen. Das Unternehmen erstellt über sein Buchhaltungssystem eine digitale Datei in dem in der Normativen Anweisung angegebenen Format.

Aus dem Buchhaltungssystem erzeugt das Unternehmen eine digitale Datei in einem bestimmten Format. Diese Datei wird dem von SPED bereitgestellten Programm zur Validierung und digitalen Unterschrift vorgelegt und nach diesen Verfahren an die öffentliche Stelle übermittelt. Die elektronischen Bücher werden bei der Handelskammer registriert. Elektronische Bücher und Papierbücher aus demselben

Zeitraum dürfen nicht nebeneinander bestehen.

Die ECD ist im Januar 2008 für alle Unternehmen in Kraft getreten, die einer differenzierten steuerlichen Überwachung unterliegen (realer Gewinn), und die ab dem 1. Januar 2008 eingetretenen Buchungsvorfälle müssen im Juni 2009 gemeldet werden. Die anderen Unternehmen müssen sich ab dem 1. Januar 2009 dem System anschließen. Mit anderen Worten: Kleine und mittlere Unternehmen, die sich 2009 für das System des realen Gewinns entschieden haben, müssen die ECD im Juni 2010 einreichen.

SPED Accounting ist eine neue Ära für alle Unternehmen. Dies kann gesagt werden, weil die Auswirkungen in allen Bereichen zu spüren sein werden, von der technologischen Infrastruktur bis hin zu Prozessen, Kommunikation und der kulturellen Entwicklung der Menschen.

SPED bricht mit einigen Paradigmen, wie z.B. der Handhabung von Papierrechnungen, dem Erhalt eines Wareneingangsscheins und der Erfüllung verschiedener steuerlicher Pflichten. Aus diesem Grund werden die Menschen, die an diesen Prozessen beteiligt sind, direkt von den Änderungen durch SPED betroffen sein, was die Unternehmen dazu veranlassen wird, in Schulungen zu investieren, damit jeder das neue Szenario perfekt versteht. SPED wird einen kulturellen Wandel bei den Fachkräften, ihren Arbeitsabläufen und ihrer Sichtweise auf die Geschäftstätigkeit des Unternehmens erfordern.

SPED kann als ein Instrument definiert werden, das die Tätigkeiten des

Empfangs, der Validierung, der Aufbewahrung und der Authentifizierung der Bücher und Dokumente, die die kommerzielle und steuerliche Buchhaltung der Unternehmen ausmachen, mittels eines einzigen, computergestützten Informationsflusses vereinheitlicht. Dieses System wird den Steuerzahlern Vorteile bringen, wie z.b.: die Vereinfachung der Nebenverpflichtungen; die Abschaffung des Abtippens von Rechnungen beim Wareneingang; die Verringerung von Buchhaltungsfehlern, die zu Geldstrafen führen können; die Verringerung der Kosten für den Druck, den Kauf von Papier und Formularen und die Aufbewahrung von Dokumenten, was zu einer günstigen Umweltbilanz beiträgt (DINIS, 2009).

Da SPED mehrere Geschäftsbereiche betrifft, müssen sich die Unternehmen auf eine effiziente Kommunikation zwischen den Prozessen vorbereiten, um den Informationsfluss und damit die vollständige Einhaltung der SPED zu gewährleisten.

Die Unternehmen müssen ihre Systeme aktualisieren und neue Lösungen für die Erstellung der von SPED definierten Magnetdateien einführen. Darüber hinaus müssen die Unternehmen ihre Telekommunikationsinfrastruktur vorbereiten, um eine Umgebung zu gewährleisten, die für den Umfang der Informationen geeignet ist, die bei der Kommunikation mit den Steuerbehörden übermittelt/empfangen werden.

In Anbetracht der in den vorangegangenen Dimensionen genannten Punkte ist es klar, dass die

SPED hat Auswirkungen auf eine Reihe von Geschäftsprozessen in Unternehmen.

(...) die mehr als 5 Millionen kleinen und mittleren Unternehmen in Brasilien

14

benötigen heute Informationen und Werkzeuge, um ihr Management zu verbessern und praktikable Lösungen für die Geschäftskontinuität aufzuzeigen.

Nach Angaben offizieller Organisationen ist die Hälfte dieser kleinen Unternehmen vom ersten bis zum dritten Jahr ihres Bestehens zum Sterben verurteilt, und als Hauptursache für diese enorme Sterblichkeit wird der Mangel an Informationen für die Entscheidungsfindung und an geeigneten Instrumenten für die Unternehmensführung genannt" (Luiz Antonio Balaminut, ehemaliger Präsident der CRC-SP).

"Die Buchhalter werden zunehmend gefordert sein, Managementberichte zu erstellen - eine wichtige Kommunikation zwischen dem Unternehmen und der Gesellschaft - sowie soziale Investitionen zu bilanzieren, und das in einer Zeit, in der der Planet durch den Klimawandel bedroht ist, was ebenfalls in den Aufgabenbereich dieser Kategorie fallen sollte" (DUARTE, 2009, S. 144).

Sobald SPED in den Unternehmen eingeführt ist, wird es praktisch unmöglich sein, ohne die Unterstützung eines ERP-Systems zu operieren, was zu einer Professionalisierung der kleinen und mittleren Unternehmen führt.

Auf diese Weise können wir die Technologie als logistisches Werkzeug betrachten, das einen Wettbewerbsvorteil schaffen kann, aber es sind die Menschen, die mit ihrer Fähigkeit zur Analyse, zur Synthese und zu Beziehungen einen Mehrwert für die Unternehmen schaffen (oder ihnen diesen nehmen).

1.2. Kleine und mittlere Unternehmen

In der brasilianischen Wirtschaft überwiegen Kleinst-, Klein- und mittlere Unternehmen, die die wichtige soziale Funktion der Produktion von Waren und Dienstleistungen und der Schaffung von Arbeitsplätzen erfüllen. In den letzten Jahrzehnten hat das Geschäftsmodell der Kleinst-, Klein- und Mittelbetriebe (KKMU) in Bezug auf die Absorption von Arbeitskräften am besten abgeschnitten, nicht zuletzt weil sie weniger kapitalintensiv sind.

Kuglianskas (1996) klassifiziert kleine Unternehmen als Unternehmen mit weniger als 100 Beschäftigten, einschließlich Kleinstunternehmen. Mittlere Unternehmen haben zwischen 100 und 500 Beschäftigte. Um den Vergleich von Unternehmen in Ländern mit intensiveren Eigenheiten zu erleichtern, haben einige internationale Organisationen wie die OECD und die IAO eine Grenze von bis zu 100 Beschäftigten pro Unternehmen festgelegt (GONÇALVES, 1994). Die Klassifizierung des brasilianischen Dienstes zur Unterstützung von Kleinst- und Kleinunternehmen (Sebrae) ist in Abbildung 1 dargestellt.

Tabelle 1

SEBRAE-Klassifizierung der Größe der brasilianischen Unternehmen

Größe/Sektor	Industrie	Handel/Dienstleistungen
Kleinstunternehmen	Bis zu 19	bis zu 9
Kleines Unternehmen	Von 20 bis 99	Von 10 bis 49

Mittelgroße Unternehmen	Von 100 bis 499	Von 50 bis 99
Großes Unternehmen	Mehr als 500	Mehr als 100

Quelle: SEBRAE, 2010

Die von der BNDES gewählte Klassifizierung, die in Tabelle 2 dargestellt ist,

entspricht der des Rundschreibens Nr. 64/02 vom 14.10.2002, das die jährlichen

Bruttobetriebseinnahmen - oder annualisiert (ROB) - berücksichtigt:

Tabelle 2

Brasilien: Von der BNDES angenommene Klassifizierung

Größe des Unternehmens	Bruttobetriebsleistung (in Millionen Reais)
Kleinstunternehmen	Bis zu 1,2
Kleines Unternehmen	Über 1,2 bis 10,5
Mittelgroße Unternehmen	Über 10,5 bis 60,0
Großes Unternehmen	Über 60,0

Quelle: BNDES 2010

In Brasilien sehen sich kleine und mittlere Unternehmen mit vielen

Herausforderungen konfrontiert, darunter: sinkende Nachfrage, hohe Steuern und

Inkompetenzraten, und dennoch investieren sie in die Umgestaltung von

Einrichtungen, den Kauf von IT-Ausrüstung und die Ausbildung von Mitarbeitern

(PEREIRA, 2008).

Amato Neto (2008) betont die Notwendigkeit einer intelligenten öffentlichen

Politik, die als "organisatorisches Dach" für KKMU dient, um wettbewerbs- und lebensfähig zu werden. Er schlägt vor, dass Genossenschaften bei der Überwindung von Schwierigkeiten helfen könnten, da diese Einrichtungen gemeinsame Systeme u. a. in den Bereichen Marketing und Logistik bereitstellen.

Neben den verschiedenen Schwierigkeiten, mit denen sich Kleinunternehmen bei ihrer Gründung konfrontiert sehen, wie z. B. unzureichende Logistik und unzureichende Ausbildung, wird die hohe Steuerbelastung als Hauptursache für das frühe Scheitern von Unternehmen angesehen (GAZETA MERCANTIL, 2008).

Am 18. August 2005 veröffentlichte die Folha de Sao Paulo eine Studie des brasilianischen Instituts für Steuerplanung (IBTP) über Steuerhinterziehung. Dieser Studie zufolge sind die Anfänge der Steuerhinterziehung in kleinen Unternehmen viel höher.

Nach Unternehmensgröße sind die Anzeichen für Steuerhinterziehung bei kleinen Unternehmen am größten (63,66 %). Bei mittelgroßen Unternehmen sind 48,94 % der Unternehmen betroffen. Bei großen Unternehmen war der Prozentsatz niedriger: 27,13 Prozent.

1.3.   SPED in kleinen und mittleren Unternehmen

Die Umstellung auf die elektronische Steuerbuchhaltung hat langsam begonnen, ist aber für viele Unternehmen immer noch eine Herausforderung. In den letzten Monaten mussten viele Unternehmen gemäß dem Zeitplan für die Umstellung bereits damit beginnen, die Art und Weise, wie sie Informationen an die Steuerbehörden übermitteln, zu ändern.

Mehr noch als buchhalterische Anpassungen oder die Bereitstellung von Mitteln für die Technologie stellt SPED jedoch eine strukturelle Veränderung dar und erfordert daher eine stärkere Professionalisierung von kleinen und mittleren Unternehmen. In vielen Fällen können die Veränderungen sogar eine Anpassung und Umstrukturierung der Unternehmensführung erfordern.

Das größte Problem dürfte in der Komplexität unseres Steuersystems und dem mangelnden Wissen der meisten beteiligten Fachleute liegen. Wenn kleine und mittlere Unternehmen die elektronische Rechnung (NF-e) einführen, können sie sogar einen Rückgang ihrer Rentabilität hinnehmen. Neben der Einfachheit und Flexibilität der Verwaltung ist das Problem der Steuerhinterziehung einer der Hauptgründe für die Einführung der elektronischen Registrierung.

Bei vielen kleinen und mittleren Unternehmern führen jedoch häufige und einfache Zweifel bei der Registrierung von Umsätzen und Vorgängen zu Steuerfehlern, die mit der NF-e beseitigt werden.

In diesem Zusammenhang besteht die Möglichkeit eines sofortigen Rückgangs der Rentabilität allein aufgrund der Einführung der NF-e. Hinzu kommt, dass die Erfüllung aller SPED-Anforderungen trotz der einfachen und schnellen Registrierung häufig Investitionen in Technologie wie Software und sogar Mitarbeiterschulungen erfordert.

Dieses gesamte Szenario kann zunächst als negativ für kleine und mittlere

Unternehmen betrachtet werden, da es die Kosten erhöht und die Rentabilität verringert. Es muss jedoch als opportun betrachtet werden. Laut einer Umfrage unter 580 Fachleuten aus dem Rechnungswesen sehen 81,4 Prozent SPED positiv (DUARTE, 2009).

Dies ist ein heikler Moment, der eine Bewertung des Unternehmens und der Art und Weise, wie das Unternehmen geführt wird, begünstigen kann. Die Manager können und sollten alle Veränderungen nutzen, um eine umfassende Analyse ihres Unternehmens durchzuführen. Wir müssen Möglichkeiten zur Verbesserung der Prozesse, zur Steigerung der Produktivität und zur Verbesserung der Rentabilität ermitteln.

Kritische Übergänge erfordern eine Bewertung, Planung und Kontrolle durch das Management. Unabhängig von der Größe oder dem Segment des Unternehmens ist es bei einem Umsatzrückgang notwendig, die gesamte Positionierung zu bewerten und Möglichkeiten zur Verbesserung der Produktivität oder sogar neue Nischen zu ermitteln, die erkundet werden können.

Strategische Planung und Professionalisierung des Managements sind nicht nur Instrumente, die von großen Unternehmen eingesetzt werden. Sie sind notwendige Instrumente, um die Positionierung zu bewerten, Ziele festzulegen und zu definieren, wie diese erreicht werden sollen. Und nur wenn sie diese Schritte befolgen, können kleine und mittlere Unternehmer ihr Unternehmen professionalisieren und auf strukturierte Weise wachsen. Laut einer 2009 von Duarte durchgeführten Untersuchung, S. 293:

Der Einfluss von SPED auf die Arbeit der Befragten wird: die Informatisierung erhöhen (64%), die Chancen erhöhen (44,9%), die Kosten erhöhen (30%) und die Risiken reduzieren (27,7%). Für die Umfrageteilnehmer wird SPED folgende Auswirkungen auf die Unternehmen im Allgemeinen haben: elektronische Integration mit der Buchhaltung (58,6%), Nutzung der Buchhaltung als Managementinstrument (55,7%), Implementierung von ERP-Systemen (42,4%), Steuerplanung (37,5%) und Nutzung elektronischer Dokumentenmanagementmethoden (30,7%).

SPED könnte die treibende Kraft hinter diesem Wandel sein. Wir müssen die Chance ergreifen und die notwendigen Veränderungen planen, um Rentabilität und Wachstum zu erhalten.

Kapitel 2

2. Beschreibung der Untersuchung des Einflusses von SPED Accounting auf die Professionalisierung von kleinen und mittleren Unternehmen

Bei dieser Arbeit handelt es sich um eine erklärende Studie. Nach Cooper und Schindler (2003, S. 131) wird diese Art von Studie verwendet, wenn "der zu untersuchende Bereich so neu oder so vage ist, dass der Forscher etwas erforschen muss, um etwas über das Problem herauszufinden [...]". Diese Untersuchung ist deskriptiv und empirisch und wurde entwickelt, um einige Überlegungen über den Einfluss der SPED-Buchführung auf die Professionalisierung von kleinen und mittleren Unternehmen zu ermitteln.

Die Daten wurden bei 20 kleinen und mittleren Unternehmen in der Stadt Sao Paulo erhoben, die nach dem Zufallsprinzip aus der von der Zeitschrift Exame PME veröffentlichten Liste der kleinen und mittleren Unternehmen mit dem größten Wachstum im Jahr 2009 ausgewählt wurden. Allerdings beantworteten nur 12 Unternehmen den Fragebogen im Anhang. Die anderen Unternehmen wollten den Fragebogen nicht beantworten, da ihre Buchhaltung von externen Buchhaltungsfirmen bearbeitet wird und sie nur wenig über die Umsetzung der SPED wissen, was darauf hindeutet, dass die Fachleute nicht bereit sind, Aspekte der SPED zu beantworten, weil sie die neuen Anforderungen nicht kennen.

Zur Durchführung der Erhebung wurde ein Fragebogen mit 13 (dreizehn) aussagekräftigen Fragen verwendet. Die Datenerhebungstechniken werden in Tabelle

3 erläutert:

Tabelle 3

Techniken der Datenerhebung

Fragebogen	Ziel der Forschung
1 bis 5 - Demografische Daten des Unternehmens	Ermittlung der Größe der untersuchten Unternehmen, ihres Sektors und der Qualifikationen der Buchhaltungsfachleute.
6 - die Buchhaltung ist intern	Mit dieser Frage soll festgestellt werden, ob das Unternehmen seine Umsetzung von SPED verbessern muss oder ob es diese Dienstleistung einfach an seine Wirtschaftsprüfungsgesellschaft weitervergeben wird.
7 - das Unternehmen hat ein ERP	Diese Frage bezieht sich auf die Feststellung, ob das Unternehmen über effiziente und zuverlässige Kontrollen verfügt.
8 - das Unternehmen ist auf SPED vorbereitet	Mit dieser Frage soll gemessen werden, inwieweit das Unternehmen auf SpED vorbereitet ist.
9- Ein spezielles ERP-System wurde eingestellt	Ermitteln Sie, wie viel das Unternehmen in die Verbesserung der Dateninformation und -kontrolle durch die Einführung von SPED investiert hat.

10 - SPED hat zur Verbesserung der Datenverwaltung beigetragen	Diese Frage wurde gestellt, um den Verbesserungsbedarf bei den internen Kontrollverfahren der Unternehmen zu bewerten und die Einbeziehung anderer Bereiche zu ermitteln.
11 - es bestand ein Bedarf an Ausbildung	Ziel dieser Frage ist es, herauszufinden, wie viel das Unternehmen in die Ausbildung der beteiligten Fachkräfte investiert hat.
12 - SPED hat zur Verbesserung des Personalmanagements beigetragen	Ermitteln Sie, ob die Fachkräfte ihre Kenntnisse in Vorbereitung auf die SPED verbessern mussten.
13 - SPED hat allen geholfen, das Geschäft des Unternehmens besser zu verstehen.	Ziel dieser Frage war es, herauszufinden, ob SPED den Unternehmen geholfen hat, ihre Mitarbeiter zu professionalisieren.

Die Analysetechniken waren qualitativ und bezogen sich jeweils auf den theoretischen Rahmen und auf Diagramme.

Kapitel 3

3. PRÄSENTATION UND ANALYSE DER DATEN

3.1.   Analyse der gesammelten Daten

In diesem Abschnitt wird die Analyse und Interpretation der gesammelten Daten beschrieben, bei der alle Forschungsfragen analysiert wurden.

Es war wichtig, das Ergebnis der Erwartungen der Unternehmen, die an der

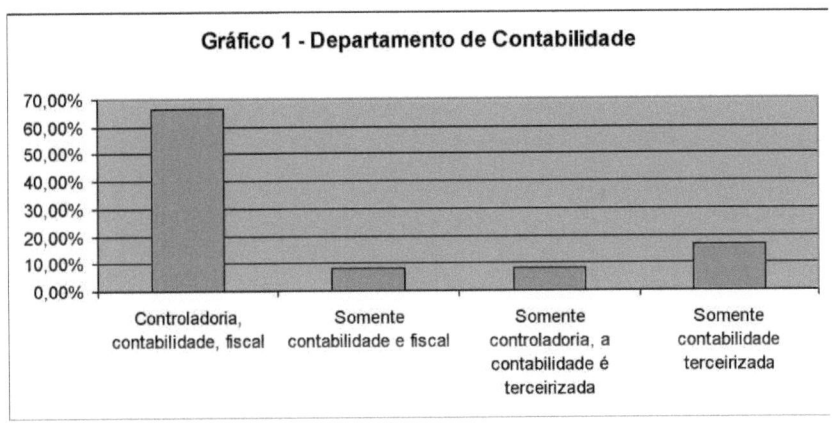

Umfrage teilnahmen, mit dem Ergebnis der Untersuchungen von Duarte in seinem Buch Big Brother Fiscal - 2009 zu vergleichen.

In Grafik 1 ist zu erkennen, dass die meisten Unternehmen, die den Fragebogen beantwortet haben, über Buchhaltungs- und Steuerabteilungen verfügen, was die Umsetzung von SPED interessanter macht und zu positiveren Ergebnissen führt. Wie in Kapitel 1.3 dieser Studie erwähnt, sehen 81,4 % der befragten Duarte-Mitarbeiter

SPED positiv.

Wenn das Unternehmen über eine externe Buchhaltung verfügt, zeigt sich, dass

das Interesse an SPED gering ist und die Ergebnisse negativ ausfallen, weil das

Unternehmen nur darauf bedacht ist, die steuerlichen Anforderungen zu erfüllen, und

weder sein Management noch die Professionalisierung seiner Mitarbeiter verbessert

hat. Dies könnte in Zukunft zu Nachfragen seitens der Steuerbehörden führen, da die

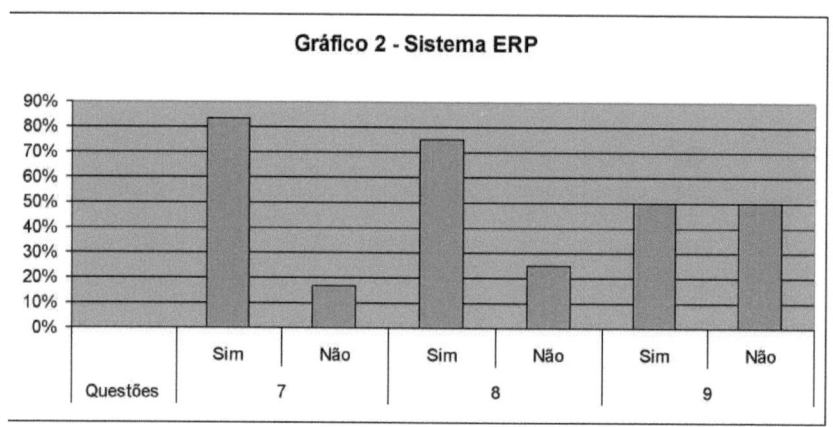

Informationen oft nicht so rigoros analysiert wurden wie die in einem ERP-System

verarbeiteten. Die Beobachtungen in diesem Absatz wurden durch die statistische

Analyse im Rahmen des durchgeführten Korrelationstests untermauert.

Wie in Abbildung 2 zu sehen ist, verfügen 83 % der befragten Unternehmen

über ein ERP-System, so dass wir feststellen können, dass es sich um Unternehmen

handelt, die eine kontinuierliche Verbesserung ihrer Rechnungslegungsprozesse und -

kontrollen anstreben. In Kapitel 1.3 haben wir Duartes Forschung zitiert, die ebenfalls zu dem Schluss kam, dass SPED die Zunahme der Computerisierung beeinflusst hat,

was wir in dieser Forschung durch Frage 9 bei 50 % unserer Befragten festgestellt

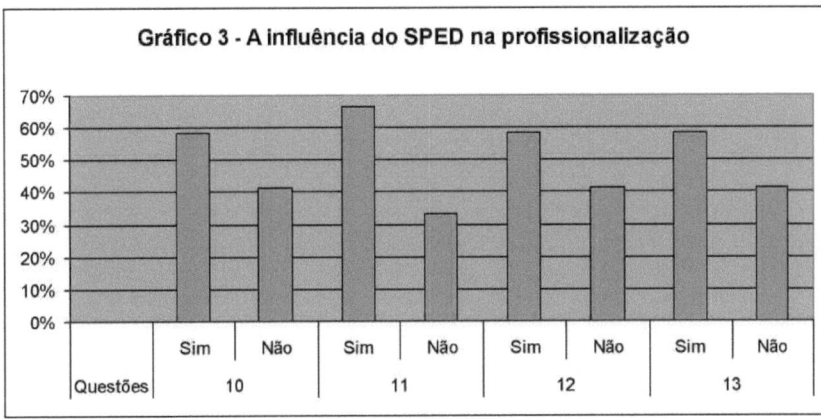

haben. Diese Grafik zeigt auch, dass 75 % der Befragten bereits bereit waren, SPED

Accounting im Jahr 2010 einzuführen.

In Schaubild 3 gaben fast 59 % der Befragten an, dass ihre Unternehmen ihr

Datenmanagement verbessern müssen, um den neuen Rechtsvorschriften zu

entsprechen, denn wenn die Unternehmen diese Daten nicht nutzen, um ihre Planung,

Organisation, Ergebnisauswertung, die Erstellung von Szenarien zur Unterstützung

ihrer Geschäftstätigkeit und die Ausarbeitung von Steuerplänen zu verbessern, werden

andererseits die Steuerbehörden all diese Informationen nutzen, um sicherzustellen,

dass die Geschäftstätigkeit des Unternehmens mit den Steuer- und

Abgabenvorschriften übereinstimmt.

Mehr als 53% der Befragten gaben an, dass SPED dazu beigetragen hat, dass

alle Beteiligten das Geschäft des Unternehmens besser kennengelernt haben und ein fokussierteres und professionelleres Team entstanden ist. Verglichen mit der Umfrage von Duarte aus dem Jahr 2009, in der ca. 56% der Befragten der Meinung sind, dass SPED zu einer Nutzung der Buchhaltung als Managementinstrument führen wird, zeigt sich, dass SPED zur Professionalisierung kleiner und mittlerer Unternehmen beitragen kann, sofern die beteiligten Personen engagiert sind und die Unternehmen investieren.

2.1. Pearson-Korrelationsanalyse

In dieser Studie wurde zunächst der Korrelationstest von Pearson verwendet. Ein Korrelationstest, mit dem die Beziehung zwischen zwei oder mehr Variablen ermittelt werden soll. Nach Miller (2002,   160)   ist   der   Produkt-Moment-Korrelationskoeffizient von

Pearson ist ein Test, mit dem festgestellt werden kann, ob eine Korrelation zwischen zwei Variablen besteht und in welche Richtung diese Korrelation geht, ob negativ oder positiv. Dieser Koeffizient kann Werte im Bereich von -1 bis +1 annehmen. Eine Korrelation, bei der dieser Koeffizient den Wert +1 annimmt, würde bedeuten, dass die eine Variable die andere vollständig erklärt. Wenn dieser Koeffizient den Wert Null annimmt, bedeutet dies, dass keine Beziehung zwischen den Variablen besteht. Nimmt dieser Koeffizient den Wert -1 an, handelt es sich um eine vollkommen negative Beziehung.

In dieser Studie wurde versucht, Zusammenhänge zwischen der Variable, die der Wahrnehmung des Unternehmens, auf SPED vorbereitet zu sein, entspricht, und Aspekten wie folgenden herzustellen: Vorhandensein einer Controlling-, Steuer- und Buchhaltungsabteilung; Branche; Vorhandensein eines im Unternehmen implementierten ERP-Systems; Größe des Unternehmens; Ausbildung des Buchhalters; Notwendigkeit der Verbesserung des Datenmanagements als Folge von SPED; Notwendigkeit der Anmietung eines ERP-Systems von einem bestimmten Unternehmen; Notwendigkeit der Mitarbeiterschulung; Branche; und die Wahrnehmung des Unternehmens, die Mitarbeiterführung als Folge von SPED verbessern zu müssen.

Es wurde ein Pearson-Korrelationstest nach Miller (2002) mit der Statistiksoftware SPSS durchgeführt, und es wurde festgestellt, dass es eine Korrelation zwischen der Wahrnehmung des Unternehmens, auf SPED vorbereitet zu sein, und den folgenden Variablen gab: Unternehmensgröße, Vorhandensein einer Controlling-, Buchhaltungs- und Steuerabteilung im Unternehmen und Unternehmensgröße. Wie in Tabelle 01 unten dargestellt.

Tabelle 1: Korrelation zwischen der wahrgenommenen Bereitschaft für SPED und der Anzahl der Mitarbeiter, dem Vorhandensein einer Controlling-Abteilung und dem Vorhandensein eines ERP-Systems in der Firma.

Varia blen Schwesterchen	Vorbereitet für SPED

Anzahl der Mitarbeiter		
	Pearson-Korrelation	− − − ** ,858
	Sig. (2-tailed)	,000
	N	12
Sie hat Controlling, Rechnungswesen und Steuern	Pearson-Korrelation	− − ** ,951
	Sig. (2-tailed)	,000
	N	12
Ich habe ein ERP-System implementiert	Pearson-Korrelation	− ** ,775
	Sig. (2-tailed)	,003
	N	12

** Die Korrelation ist auf dem Niveau von 0,01 signifikant (2-tailed).

* Die Korrelation ist auf dem Niveau von 0,05 signifikant (2-tailed).

Bei der Analyse der Korrelation zwischen der Wahrnehmung, auf SPED vorbereitet zu sein, und der Variable Anzahl der Mitarbeiter ist es wichtig zu prüfen, wie diese Variablen gemessen wurden. Die Variable "Anzahl der Mitarbeiter" reichte von 1 bis 4. Das Unternehmen mit der niedrigsten Mitarbeiterzahl erhielt die Zahl 1 und das Unternehmen mit der höchsten Mitarbeiterzahl die Zahl 4. Hinsichtlich der

Vorbereitung auf SPED waren die Antworten nominal, mit 1 für diejenigen, die

glauben, dass sie vorbereitet sind, und 0 für diejenigen, die glauben, dass sie nicht

vorbereitet sind. Der Pearson-Koeffizient von 0,858 bei einem Signifikanzniveau von

weniger als 1 % zeigt also eine positive Beziehung: Je größer die Zahl der

Beschäftigten, desto größer die Wahrnehmung, auf SPED vorbereitet zu sein. Und

diese Beziehung würde in mehr als 99% der Fälle auftreten.

Es gab keine Korrelation zwischen dem Bedarf an Schulungen oder Trainings

und der Einschätzung, auf SPED vorbereitet zu sein. Offensichtlich hatten die

Unternehmen in der ausgewählten Stichprobe, die sich auf SPED vorbereitet fühlten,

bereits gut ausgebildete Teams. Die spezifische Schulung für SPED könnte in einer

systemischen Situation der Unzulänglichkeit stattgefunden haben, vielleicht sogar mit

bereits reduzierten Fristen für die Präsentation der Ergebnisse. Um zu verstehen,

warum diese Variablen in einem positiven Zusammenhang zu stehen scheinen, sind

Überlegungen wie die Verfügbarkeit von Humanressourcen zur Bewältigung des

Wandels und vorbereitete Teams erforderlich. Ein weiteres Element, das eine Rolle

spielen könnte, wäre der Umfang der verfügbaren Ressourcen, zum Beispiel zwischen

dieser Wahrnehmung der Bereitschaft und dem Umsatz des Unternehmens. Die

erhobenen Daten ließen eine solche Berechnung jedoch nicht zu.

Die im Unternehmen vorhandene IT-Technologie, insbesondere das

Vorhandensein von ERP-Systemen, scheint jedoch einen positiven Einfluss auf die

Wahrnehmung zu haben, auf SPED vorbereitet zu sein. Wie Tabelle 1 zeigt, zeigt das

Vorhandensein von ERP-Systemen einen hohen Wert für den Pearson-Korrelationsindikator von 0,775 mit einer Signifikanz von p=0,003, so dass auch in diesem Fall diese Beziehung in mehr als 99 Prozent der Fälle sinnvoll ist.

Bis zu diesem Punkt zeigt sich, dass die Tatsache, ein großes Unternehmen in Bezug auf die Anzahl der Mitarbeiter zu sein und über ein ERP-System zu verfügen, in mehr als 99 Prozent der Fälle signifikant mit der Wahrnehmung zusammenzuhängen scheint, auf SPED vorbereitet zu sein.

Von den zwölf Antworten auf den Fragebogen stammten acht von Unternehmen mit mehr als 200 Beschäftigten und zwei von Unternehmen mit mehr als 100 Beschäftigten. Von den acht Unternehmen mit mehr als 200 Beschäftigten gehörten sieben dem Dienstleistungssektor und eines dem Finanzsektor an. Die Zugehörigkeit zu dieser Art von Unternehmen mit mehr als 200 Beschäftigten, die über ERP-Systeme verfügen und dem Dienstleistungs- und Finanzsektor angehören, korreliert also mit der Wahrnehmung, auf SPED vorbereitet zu sein.

Zur Vervollständigung des Bildes lässt sich feststellen, dass das Vorhandensein von Controlling-, Buchhaltungs- und Steuerabteilungen im Unternehmen zu dieser Wahrnehmung beiträgt. Diese Beobachtung scheint darauf hinzudeuten, dass Unternehmen, die über eine intern aktive Controlling-Abteilung verfügen, bei der Umstellung auf SPED erfolgreicher sind als Unternehmen, in denen das Rechnungswesen nur steuerlich ist.

Bei der Betrachtung der Variablen Anzahl der Mitarbeiter, ERP-

Implementierung und Interne Erreichbarkeit des Controllings zeigt sich, dass diese

wiederum einige Korrelationen aufweisen, wie in Tabelle 2 dargestellt.

Tabelle 2: Pearson-Korrelationstest für die Variable Anzahl der Kinder.

Mitarbeiter.

Variablen		Anzahl der Mitarbeiter
Akademische Ausbildung	Pearson-Korrelation	,764**
	Sig. (2-tailed)	,004
	N	12
Wirtschaftssektor	Pearson-Korrelation	,620*
	Sig. (2-tailed)	,031
	N	12
Sie hat Controlling, Rechnungswesen und Steuern	Pearson-Korrelation	− − − ** ,882
	Sig. (2-tailed)	,000
	N	12
ERP	Pearson-Korrelation	− − − ** ,899
	Sig. (2-tailed)	,000
	N	12
Vorbereitet für SPED	Pearson-Korrelation	− − − ** ,858
	Sig. (2-tailed)	,000
	N	12

** Die Korrelation ist auf dem Niveau von 0,01 signifikant (2-tailed).

* Die Korrelation ist auf dem Niveau von 0,05 signifikant (2-tailed).

Tabelle 2 zeigt, zusätzlich zu der bereits diskutierten Korrelation zwischen der Wahrnehmung, auf SPED vorbereitet zu sein, und der Anzahl der Mitarbeiter, Korrelationen zwischen dieser Variable und den akademischen Qualifikationen des Controlling- und Buchhaltungsteams, dem Wirtschaftssektor, in dem sie tätig sind, und den beiden bereits erwähnten Variablen: ERP-Implementierung und das Vorhandensein einer Controlling-, Buchhaltungs- und Steuerabteilung im Unternehmen.

Die Korrelation zwischen der Anzahl der Beschäftigten und dem akademischen Hintergrund der Buchhaltungs- und Controlling-Teams (Hochschulabsolventen) deutet darauf hin, dass Unternehmen mit einer höheren Anzahl von Beschäftigten tendenziell besser vorbereitetes Personal haben. Diese besser vorbereiteten Mitarbeiter könnten einer der Gründe dafür sein, dass Unternehmen mit einer höheren Mitarbeiterzahl tendenziell besser auf SPED vorbereitet sind.

Eine weitere interessante Korrelation besteht zwischen dem Wirtschaftssektor und der Zahl der Beschäftigten. Die Unternehmen des Dienstleistungs- und Finanzsektors waren in dieser Untersuchung diejenigen mit der höchsten Beschäftigtenzahl. Somit waren Unternehmen im Dienstleistungs- und Finanzsektor, die ERP implementiert haben, über intern strukturierte Controlling-, Buchhaltungs-

und Steuerbereiche verfügen und deren Mitarbeiter einen Hochschulabschluss haben,

diejenigen, die ihre Bereitschaft für SPED am besten einschätzen.

Was das Vorhandensein eines Bereichs für Controlling, Buchhaltung und

Steuern betrifft, so gibt es nichts Neues, da es eine positive Korrelation mit den

Variablen Teambildung, Anzahl der Mitarbeiter, Vorhandensein von ERP zeigt.

implementiert werden; und die Wahrnehmung, auf SPED vorbereitet zu sein. Es ist zu

vermuten, dass das Vorhandensein einer aktiven Controlling-, Buchhaltungs- und

Steuerabteilung ein entscheidender Faktor für die Fähigkeit eines Unternehmens sein

kann, ERP-Systeme effektiver zu implementieren. Meistens ist es die Controlling-

Abteilung, die die Einführung dieser Systeme koordiniert. Die für diesen Bereich

berechneten Korrelationen von Interesse sind in Tabelle 3 dargestellt.

Tabelle 3: Korrelationen zwischen dem Vorhandensein von Controlling,

Unternehmens- und Steuerbuchhaltung bei p=5%.

Variablen	In den Bereichen Controllership, Rechnungswesen und Steuern
Akademische Ausbildung	
Pearson-Korrelation	,583*
Sig. (2-tailed)	,047
N	12

der ᶻMitarbeiter	Anzahl Pearson-Korrelation	− − − ** ,882	
	Sig. (2-tailed)	,000	
	N	12	
ERP	Pearson-Korrelation	− − −** ,865	
	Sig. (2-tailed)	,000	
	N	12	
SPED	Vorbereitet für Pearson-Korrelation	− −** ,951	
	Sig. (2-tailed)	,000	
	N	12	

** Die Korrelation ist auf dem Niveau von 0,01 signifikant (2-tailed).

* Die Korrelation ist auf dem Niveau von 0,05 signifikant (2-tailed).

Dabei ist zu bedenken, dass die Führung eines Unternehmens mit einer größeren Anzahl von Mitarbeitern komplexer ist als die eines Unternehmens mit einer geringeren Anzahl von Mitarbeitern, was zwangsläufig dazu führt, dass das Management in seinem Streben nach Wettbewerbsfähigkeit anspruchsvoller wird.

Für das Vorhandensein eines ERP-Systems sind die in Tabelle 4 berechneten Korrelationen dargestellt.

Tabelle 4: Signifikante Korrelationen mit p<=5% für die Variable Existenz von ERP eingeführt.

Variablen		ERP
Akademische Ausbildung	Pearson-Korrelation	,674*
	Sig. (2-tailed)	,016
	N	12
Anz ahl der Mitarbeiter	Pearson-Korrelation	– – –** ,899
	Sig. (2-tailed)	,000
	N	12
Sie hat Controlling, Rechnungswesen und Steuern	Pearson-Korrelation	– – –** ,865
	Sig. (2-tailed)	,000
	N	12
Vorbereite t für SPED	Pearson-Korrelation	–** ,775
	Sig. (2-tailed)	,003
	N	12

** Die Korrelation ist auf dem Niveau von 0,01 signifikant (2-tailed).

Das Vorhandensein eines ERP, das gemäß Tabelle 04 implementiert wurde, geht in der Regel mit dem Vorhandensein eines Controlling-Bereichs und einer Steuer- und Unternehmensbuchhaltung im Unternehmen einher, mit gut ausgebildeten Teams, die eine höhere Ausbildung aufweisen, und mit großen Unternehmen mit einer größeren Anzahl von Mitarbeitern. Das Vorhandensein dieser Merkmale bildet ein Umfeld, in dem ERP tendenziell präsent ist. Und dieses Bündel von Variablen führt zu einem Komfort bei der Vorbereitung auf SPED.

Ergänzend zu dieser Analyse erscheint es interessant, die Variable Ausbildung des Personals und ihre Korrelationen zu untersuchen, die in Tabelle 5 dargestellt sind.

Tabelle 5: Korrelate für die Variable "Personalschulung".

Variablen		Akademische Ausbildung
Anzahl der Mitarbeiter	Pearson-Korrelation	,764**
	Sig. (2-tailed)	,004
	N	12
Wirtschaftssektor	Pearson-Korrelation	,654*
	Sig. (2-tailed)	,021
	N	12

Sie hat Bereiche der Controlling, Rechnungswesen und SteuernSig. (2-tailed) N	Pearson-Korrelation	,583* ,047 12
Korrelation	ERPPearson-	,674*
	Sig. (2-tailed)	,016
	N	12
Vorbereitet für SPEDPearson	Korrelation	,522
	Sig. (2-tailed)	,082
	N	12

** Die Korrelation ist auf dem Niveau von 0,01 signifikant (2-tailed).

* Die Korrelation ist auf dem Niveau von 0,05 signifikant (2-tailed).

Das höchste Niveau der akademischen Ausbildung zeigt eine hohe Korrelation mit den Variablen: Wirtschaftszweig; Vorhandensein einer internen Abteilung für Controlling, Unternehmens- und Steuerbuchhaltung; Vorhandensein eines ERP-Systems und die Wahrnehmung, auf SPED vorbereitet zu sein. Die Wahrnehmung, auf SPED vorbereitet zu sein, hat nicht das gleiche Signifikanzniveau von p<=5%, das bisher bearbeitet wurde, es ist jedoch zu sehen, dass sie p=8,2% erreicht, d.h. es ist eine signifikante Beziehung für mehr als 90% der Fälle.

Es ist zu beachten, dass der Pearson-Koeffizient keine kausale Beziehung herstellt. Die Tatsache, dass eine Korrelation zwischen der Wahrnehmung, auf SPED vorbereitet zu sein, und der Größe der Organisation in Bezug auf die Anzahl der Mitarbeiter, dem Vorhandensein eines internen Bereichs innerhalb des Unternehmens, der Controlling-, Buchhaltungs- und Steuertätigkeiten durchführt, und dem Vorhandensein von implementierten ERP-Systemen gefunden wurde, bedeutet nicht, dass diese drei Variablen die Wahrnehmung, vorbereitet zu sein, verursachen; sie bedeuten vielmehr, dass diese Wahrnehmung und das Vorhandensein dieser drei Aspekte die Tendenz zu haben scheinen, nebeneinander zu bestehen, was weitere Untersuchungen und Diskussionen zur Ermittlung der Art der Beziehung verdient.

In dieser Untersuchung wurde festgestellt, dass die Wahrnehmung der SPED-Bereitschaft in Unternehmen, die bereits über gut strukturierte Controlling-Bereiche verfügen, in denen Buchhaltung und Steuerabteilung tätig sind, in höherem Maße vorhanden war. Die vollständige Korrelation betraf die Anzahl der Mitarbeiter, die Verfügbarkeit des Controllingbereichs, das Vorhandensein eines implementierten ERP-Systems und in geringerem Maße, aber immer noch mit einem Signifikanzindex von $p=8,2\%$, das Vorhandensein von Mitarbeitern mit höherer Ausbildung. Es bleibt die Hypothese bestehen, dass das Vorhandensein eines gut strukturierten, unternehmensintern arbeitenden Controlling-Bereichs und nicht die Beauftragung von externen Dienstleistern ein entscheidender Faktor für die Wahrnehmung der Bequemlichkeit bei der Einführung von SPED war, da das Vorhandensein eines Controlling-Bereichs in den meisten Unternehmen vor der Einführung von ERP-Systemen erfolgt. Es gab auch eine signifikante Korrelation zwischen dem

Vorhandensein von ERP-Systemen und dem Vorhandensein eines gut strukturierten Controlling-Bereichs.

Um zu verstehen, wie diese Variablen - Vorbereitung auf SPED, Anzahl der Mitarbeiter, Vorhandensein eines implementierten ERP, Wirtschaftssektor, Ausbildung der Support-Teams des Befragten und Vorhandensein interner Kontroll-, Buchhaltungs- und Steuerbereiche - miteinander zusammenhängen, wurde eine Faktorenanalyse durchgeführt.

In diesem Fall wurden die Daten um zwei Achsen organisiert, wie in Tabelle 6 dargestellt.

Tabelle 6: Komponentenmatrix der organisierenden Faktoren der Variablen.

Matrix-Komponente[a]		
Variablen	Komponente	
	Interne Vorbereitung	Teams und Wirtschaftszweig
Anzahl der Mitarbeiter	,988	,052
Wirtschaftssektor	,557	,784
In den Bereichen Controllership, Rechnungswesen und Steuern	,916	-,363

ERP	,918	-,146
Vorbereitet für SPED	,877	-,394
Akademische Ausbildung	,806	,403

Extraktionsmethode: Hauptkomponentenanalyse.

a. 2 Komponenten extrahiert.

Diese Analyse deutet darauf hin, dass es zwei Klassen von Variablen gibt, von denen die eine das Ergebnis der internen Arbeit des Managements und der Organisation ist, die man als interne Vorbereitung bezeichnen könnte, und die andere, die teilweise auch das Ergebnis des Managements ist, aber mehr mit der Grundstruktur, den Grundlagen der Organisation zu tun hat: dem Wirtschaftssektor, in dem sie tätig ist, und der akademischen Qualifikation der Personen, die den Befragten unterstützen, die man als Teams und Wirtschaftssektor bezeichnen könnte. Es hat den Anschein, dass der Befragte mehr Vertrauen in die Vorbereitung der Organisation hat, wenn ihm besser ausgebildete Mitarbeiter zur Seite stehen.

Durch Hinzufügen der Variablen: verbessertes Datenmanagement; SPED verbesserte das Team; und erforderliches verbessertes Personalmanagement, ergab sich Tabelle 7.

Tabelle 7: Organisierende Faktoren der ausgewählten Variablen.

Matrix-Komponente[a]

Variablen	Komponente		
	Interne Organisation	Überraschung und Improvisation	Bergo - Wirtschaftsse ktor
Akademische Ausbildung	,726	-,580	,246
Anzahl der Mitarbeiter	,988	-,084	,067
Wirtschaftssektor	,553	-,131	,815
Sie verfügt über Kostenrechnungskreise , Buchhaltung und Steuern	,920	-,022	-,346
ERP	,900	-,174	-,177
Vorbereitet für SPED	,903	,115	-,332
Bessere Datenverwaltung	,248	,837	-,015
SPED schafft besseres Personal	,268	,827	,162

| Erforderlich ist eine bessere Verwaltung | ,268 | ,827 | ,162 |

Extraktionsmethode: Hauptkomponentenanalyse.

a. 3 Komponenten extrahiert.

Die Antworten, die darauf hinweisen, dass die Umsetzung von SPED zu einer Verbesserung des Personalmanagements, des Teams selbst und der Daten geführt hat, deuten also auf einen Improvisationsfaktor hin, bei dem die angestrebten Verbesserungen, anders als man auf den ersten Blick vermuten könnte, auf eine unproduktive Art und Weise und in entgegengesetzter Richtung zu den Faktoren der internen Organisation und des Wirtschaftssektors stattgefunden haben, so dass der Eindruck entsteht, dass die Unternehmen gerade wegen der vorherigen mangelnden Organisation nach Lösungen gegen die Uhr suchen mussten.

ABSCHLIESSENDE ÜBERLEGUNGEN

Ziel dieser Untersuchung war es, den Prozess der Einführung der SPED-Buchführung und die unmittelbaren Auswirkungen auf mittlere und kleine Unternehmen sowie die großen Herausforderungen, denen sich diese Unternehmen stellen mussten, um die steuerlichen Anforderungen zu erfüllen, näher zu beleuchten.

Die Ergebnisse dieser Umfrage waren von grundlegender Bedeutung für die Erkenntnis, dass die Unternehmen mit der Einführung der SPED-Buchführungsverpflichtung in ihre internen Prozesse und Kontrollen, in die Ausbildung von Fachkräften und in ihre ERP- und Buchhaltungssysteme investieren mussten, denn je nach Sensibilität der beteiligten Personen, wie z. B. Geschäftsleute, Buchhalter und IT-Fachleute, waren 58,33 % der Befragten der Meinung, dass das Unternehmen das Personalmanagement deutlich verbessert hat, und der gleiche Prozentsatz der Befragten war auch der Meinung, dass sie die Geschäfte des Unternehmens besser kennen.

Dies ist ein sehr positiver Effekt, da es zeigt, dass die Menschen besser auf eine professionellere und wettbewerbsfähigere Welt vorbereitet sind. Es ist wichtig zu betonen, dass die SPED-Buchführung nicht nur eine steuerliche Anforderung ist, sondern vielmehr eine Gelegenheit für Unternehmen und ihre Fachleute, die Art und Weise, wie sie ihre Buchhaltungsinformationen verwalten, zu verbessern, und ihre Abschlüsse werden nun die tatsächliche Situation der Vermögenswerte des Unternehmens getreuer wiedergeben.

Ein weiterer Punkt, der angesprochen wurde, war, dass das Unternehmen, das ein externes Rechnungswesen hat, nicht von der Einführung von SPED profitiert hat, was uns zu einer neuen Frage führt: Was sind die Vorteile eines externen Rechnungswesens?

BIBLIOGRAPHISCHE REFERENZEN

AMATO NETO, J. Produktive Kooperationsnetze und regionale Cluster: Chancen für kleine und mittlere Unternehmen. Sao Paulo: Atlas, 2000.

COOPER, D. R.; SCHINDLER, P. S. Research Methods in Management. 7. Auflage. Porto Alegre: Bookman, 2003.

DUARTE, Roberto Dias, Big Brother Fiscal III - Brasilien im Zeitalter des Wissens. - Ideen@Arbeit - 2009

DINIS, E. H. O governo electrónico no Brasil: Perspectiva histórica a partir de um modelo estruturado de análise. Revista de Administragao Pública. V.43, Feb. 2009.

GONQALVES, M. F. A pequena empresa e a expansão industrial. Lissabon: Portugiesischer Industrieverband, 1994.

Hair, J. Jr., J. F.; Anderson, R. E.; Tatham, R. L.; Black, W. C. Multivariate Data Analysis. 5. Auflage, Nes Jersey: Prentice-Hall, Inc. 1998.

IUDÍCIBUS, Sérgio, MARTINS, Eliseu, GELBCKE, Ernesto . Manual de Contabilidade das Sociedades por Agoes. 7ª . Ausgabe, 2008.

KUGLIANSKAS, I. Die Wettbewerbsfähigkeit der kleinen und mittleren Unternehmen. Sao Paulo Institutos de Estudos Gerenciais e Editora, 1996.

MARCONI, Marina de Andrade; LAKATOS, Eva Maria. Methodik des wissenschaftlichen Arbeitens: Grundlegende Verfahren, bibliographische Recherche, Projekt und Bericht, Veröffentlichungen und wissenschaftliche Arbeiten. 6. Auflage. Sao Paulo: Atlas, 2006.

Miller, R. L.; Acton, C.; Maltby, J. SPSS for Social Scientists. London: Palgrave McMillan, 2002.

PEREIRA, D. Y. Wer löscht die Brände in kleinen und mittleren Unternehmen. 2006.

PRESTES. Maria Luci de Mesquita. Forschung und der Aufbau wissenschaftlicher Kenntnisse: von der Planung bis zu den Texten, von der Schule bis zur Hochschule. 2. Actual. E ampl. Sao Paulo: Respel, 2003.

SILVA, C. A. V. da. Kooperationsnetze von Kleinst- und Kleinunternehmen: eine Studie über Logistikaktivitäten im Metallurgiesektor in Sertaozinho - SP. 2004. 199f. Dissertation (Master) - Universität von Sao Paulo, Ingenieurschule Sao Carlos.

http//www.sesconms.org.br/not_ler.asp?codcat=3&código=2248.

http://t.wikippedia.org/wiki/contabilidade_gerencial